Für:

....

Von:

....

Ahme den Gang der Natur nach.
Ihr Geheimnis ist Geduld.

RALPH WALDO EMERSON

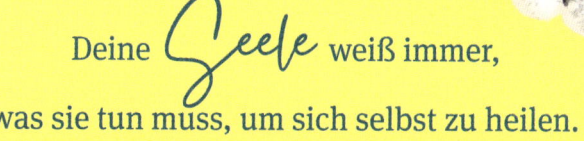

Deine *Seele* weiß immer,

was sie tun muss, um sich selbst zu heilen.

Die Herausforderung ist es,

deinen Verstand zum

Schweigen zu bringen.

ZEN-WEISHEIT

Die stürmischen Wellen

an der unruhigen Oberfläche lassen
die Tiefen des Ozeans unberührt. Und dem,
der an größeren und ewigen Wahrheiten
Halt findet, erscheinen die häufigen Wechselfälle
seines eigenen Schicksals relativ unwichtig.

WILLIAM JAMES

Glück
entsteht oft
durch Aufmerksamkeit
in kleinen Dingen.

WILHELM BUSCH

KLEINE AUSZEIT FÜR DICH

Sich eine Auszeit zu nehmen bedeutet nicht gleich, nichts zu tun. Eine Auszeit ist eine Möglichkeit zum Abschalten – und kann für jeden anders aussehen. Für dich mag es ein kreatives Hobby sein, eine Stunde Sport treiben, sich mit Freunden treffen, etwas kochen oder ein ehrenamtliches Engagement.

Es ist wichtig, zu wissen, welche Art von Auszeit dir in der jeweiligen Situation am meisten Kraft gibt – und dass es manch-mal etwas ganz anderes ist, als du vielleicht erwartest.

SPRINGE DAHER AUCH MAL ÜBER DEINEN EIGENEN SCHATTEN UND PROBIERE DICH AUS!

Ein Strahl Sonne

kann mehr wecken,
als tausend Nächte zu ersticken vermögen.

CARL LUDWIG SCHLEICH

SELIG SIND DIE STUNDEN
DES NICHTSTUNS,
DENN IN IHNEN ARBEITET
UNSERE SEELE.

EGON FRIEDELL

Wer die Kostbarkeit
des Augenblicks entdeckt,
findet das

Glück des Alltags.

ADALBERT STIFTER

DER MANN, DER DEN BERG
ABTRUG, WAR DERSELBE,
DER DAMIT ANFING,
KLEINE STEINE WEGZUTRAGEN.

AUS CHINA

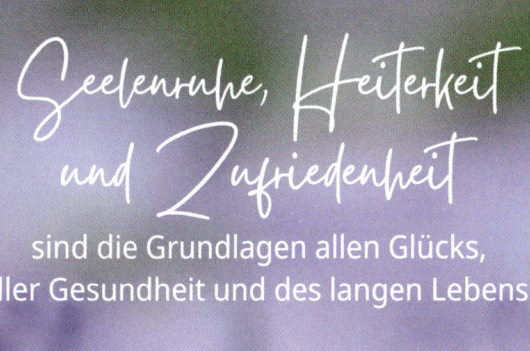

Seelenruhe, Heiterkeit und Zufriedenheit

sind die Grundlagen allen Glücks,
aller Gesundheit und des langen Lebens.

CHRISTOPH WILHELM VON HUFELAND

Nur in einem ruhigen Teich
spiegelt sich

das Licht der Sterne.

AUS CHINA

Die Arbeit ist gut,

aber wenn sie übertrieben wird, so verzehrt sie.

Suche dir in allem Gedränge

deine innere Ruhe zu bewahren.

Du sollst nicht erst ruhen wie ein Vulkan –

wenn er ausgebrannt ist.

JULIE EYTH

Nimm dir Zeit zum *Träumen*,

das ist der Weg zu den Sternen.

Nimm dir Zeit zum *Nachdenken*,

das ist die Quelle der Klarheit.

Nimm dir Zeit zum *Lachen*,

das ist die Musik der Seele.

IRISCHER SEGENSWUNSCH

EIN KLEINER MOMENT DER RUHE
KANN EIN GROSSES GESCHENK
FÜR DAS HERZ SEIN.

VOLKSMUND

Auch die Pause
gehört zur Musik.

STEFAN ZWEIG

In der vollkommenen Stille

hört man die ganze Welt.

KURT TUCHOLSKY

Zufriedenheit

ist der Stein der Weisen.
Sie verwandelt in Gold,
was immer sie berührt.

BENJAMIN FRANKLIN

Glück ist kein Ziel.
Glück ist
eine Art, zu leben.

BUDDHISTISCHE WEISHEIT

Schenke dir selbst jeden Tag

die schönsten Momente

und bade Körper, Seele und Geist
in innerer Harmonie.

SARAH BERNHARDT

KLEINE AUSZEIT FÜR DICH

Erst mal ankommen

Egal wo du hingehst, nimm dir die Zeit, dort richtig anzukommen.
Zieh erst mal deine Jacke aus, stell erst mal deine Tasche ab,
setz dich erst mal hin, sag erst mal allen „Hallo".

In der Zeit, in der dein Körper all diese Dinge tut, wird auch dein
Geist die Möglichkeit haben, in Ruhe anzukommen und sich auf das,
was als Nächstes ansteht, vorzubereiten.

ES GIBT AUGENBLICKE
IN UNSEREM LEBEN, IN DENEN ZEIT
UND RAUM TIEFER WERDEN UND
DAS GEFÜHL DES DASEINS
SICH UNENDLICH AUSDEHNT.

CHARLES BAUDELAIRE

Mögen deine Gedanken manchmal
mitten am Tag auf eine *Reise* gehen,
in ferne Welten eintauchen,
fremd und verlockend,
bunt und schön.

IRISCHER SEGENSWUNSCH

Mango-Pfirsich-Bowl

FÜR 2 PORTIONEN

1 Mango · 1 Pfirsich · 1 Banane · 200 ml Kokosmilch
50 ml frisch gepresster Orangensaft

Für das Topping:
2 EL Nussmüsli · 2 EL Kokosraspel · 2 EL Chia-Samen

Mango und Pfirsich schälen, entkernen, würfeln und 45 Min. tiefkühlen. Banane schälen und in Scheiben schneiden. Alle Smoothie-Zutaten in einen Standmixer geben, pürieren und anschließend auf zwei Schüsseln verteilen.

Mit Nussmüsli, Kokosraspeln und Chia-Samen garnieren.

Übereilung tut nicht gut.

Bedachtsamkeit

macht alle Dinge besser.

FRIEDRICH VON SCHILLER

WAS MACHEN SIE? – NICHTS.
ICH LASSE DAS LEBEN AUF MICH REGNEN.

RAHEL VARNHAGEN VON ENSE

Sie müssen denken,
dass das Leben Sie nicht vergessen hat,
dass es Sie in der Hand hält.

Es wird Sie nicht fallen lassen.

RAINER MARIA RILKE

An sich ist Müßiggang durchaus
nicht eine Wurzel allen Übels,
sondern im Gegenteil ein geradezu

göttliches Leben,

solange man sich nicht langweilt.

SØREN KIERKEGAARD

STREBE NACH RUHE,
ABER DURCH DAS GLEICHGEWICHT,
NICHT DURCH DEN STILLSTAND
DEINER TÄTIGKEIT.

FRIEDRICH VON SCHILLER

Musik an — Welt aus

Wir alle kennen die Momente, in denen uns der Alltag über den Kopf zu wachsen scheint. Wir brauchen eine Pause, doch es fehlt schlicht und ergreifend an Zeit oder Muße, sich auf etwas anderes einzulassen. Eine Schnelltherapie, die immer hilft:

KOPFHÖRER REIN, MUSIK AUFDREHEN UND TANZEN!

Niemand guckt dir zu, also spring herum, wedle mit den Armen, hample auf der Stelle und tanze dir die Sorgen aus dem Leib.

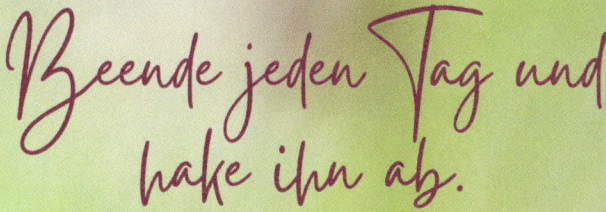

Beende jeden Tag und hake ihn ab.

Du hast getan, was du konntest.
Sicher haben sich Schnitzer und Dummheiten
eingeschlichen; vergiss sie, so schnell du
kannst. Morgen ist ein neuer Tag; beginne ihn
gut und gelassen und in einer gehobenen
Stimmung, sodass du dich nicht mit deinem
alten Unsinn belastest.

RALPH WALDO EMERSON

WER LANGSAM SCHLENDERT,
SIEHT AM MEISTEN
VON DER LANDSCHAFT.

AUS ENGLAND

Die Natur malt uns Bilder unendlicher Schönheit,

Tag für Tag, wenn wir nur Augen haben,
sie zu sehen.

JOHN RUSKIN

Betrachtet das *Erwachen* des Frühlings

und das Erscheinen der Morgenröte!

Die *Schönheit* offenbart sich denjenigen,

die betrachten.

KHALIL GIBRAN

DIE HOFFNUNG DES GANZEN JAHRES –
DER FRÜHLING.

DIE HOFFNUNG DES TAGES –
DER MORGEN.

AUS JAPAN

Die Natur ist *die große Ruhe*

gegenüber unserer Beweglichkeit.

Darum wird sie der Mensch immer mehr lieben,

je feiner und beweglicher er werden wird.

Sie gibt ihm die *großen Züge,*
die *weiten Perspektiven* und zugleich das Bild

einer bei aller unermüdlichen

Entwicklung erhabenen *Gelassenheit.*

CHRISTIAN MORGENSTERN

Wenn ich nur ein Stück über
die Wiese gehe, durch Schneepfützen,
im Zwielicht unter bewölktem Himmel,
ohne ein besonderes Glücksgefühl
mit hinauszunehmen, so bringe
ich doch eine vollkommene Heiterkeit
mit nach Hause.

RALPH WALDO EMERSON

Blumensegen

Hast du ein paar Pflanzen oder Blumen in deinem Zimmer,
an deinem Arbeitsplatz oder auf deinem Schreibtisch stehen?

**PFLANZEN BRINGEN DIE NATUR IN DEIN ZUHAUSE
UND WIRKEN BERUHIGEND UND HEILEND.**

Außerdem sind sie natürliche Luftfilter und wachsen mit dir mit.
Gerade in den grauen Wintermonaten sorgen Blumen für
etwas mehr Farbe und Freude in deinem Leben.

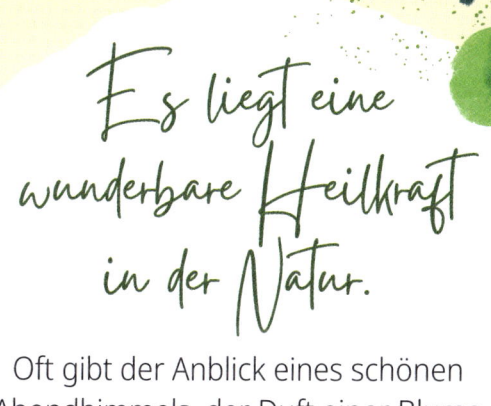

Es liegt eine wunderbare Heilkraft in der Natur.

Oft gibt der Anblick eines schönen Abendhimmels, der Duft einer Blume der bedrückten Seele Hoffnung und Lebensmut zurück.

SOPHIE ALBERTI

JEDES WERDEN IN DER NATUR,
IM MENSCHEN, IN DER LIEBE
MUSS ABWARTEN, GEDULDIG SEIN,
BIS SEINE ZEIT ZUM BLÜHEN KOMMT.

DIETRICH BONHOEFFER

Dass uns eine Sache fehlt,

sollte uns nicht davon abhalten,

alles andere *zu genießen.*

JANE AUSTEN

Hab Geduld mit allen Dingen,
aber besonders mit *dir selbst.*

FRANZ VON SALES

Mögest du Ruhe finden,

wenn der Tag sich neigt
und deine Gedanken noch einmal die Orte
aufsuchen, an denen du heute Gutes erfahren hast.
Auf dass die Erinnerung dich wärmt und
gute Träume deinen Schlaf begleiten.

IRISCHER SEGENSWUNSCH

Die Welt ist voll von kleinen Freuden;
die Kunst besteht nur darin,
sie zu sehen,
ein Auge dafür zu haben.

LI BAI

Grilled Cheese Sandwich

FÜR 1 SANDWICH

**2 Scheiben Weißbrot · 2 Scheiben Käse
(z. B. Gouda, Gruyère, Emmentaler) · Butter zum
Anbraten · optional: eine Scheibe Kochschinken**

Eine Scheibe Weißbrot mit den Käsescheiben und nach Wahl
mit dem Schinken belegen und mit der zweiten Brotscheibe
zudecken. Ausreichend Butter in einer beschichteten Pfanne
erhitzen. Sandwich in die zerlassene Butter legen und von beiden
Seiten je ca. 3 Min. goldbraun anbraten. Das Sandwich aus der
Pfanne nehmen und diagonal durchschneiden. Warm servieren.

TIPP: ZUM DIPPEN EIGNET SICH SOUR CREAM.

Zerre deine Gedanken weg von deinen Sorgen,

an den Ohren, den Füßen oder auf
sonst eine Art, die dir recht ist.
Das ist das Gesündeste,
was ein Körper tun kann.

MARK TWAIN

Deine erste Pflicht ist,

dich selbst glücklich zu machen.

Bist du glücklich, so machst du auch andere glücklich.
Der Glückliche kann nur Glückliche um sich sehen.

LUDWIG FEUERBACH

KLEINE AUSZEIT FÜR DICH

Lächeln

Bringe in deinem Wohn- oder Arbeitszimmer ein Erinnerungsstück an, das dich zum Lächeln bringt. Das kann ein Foto, ein Konzertticket, eine Muschel oder eine Botschaft von einem lieben Menschen sein. Platziere es so, dass dein Blick darauf fällt, wenn du den Raum betrittst.

IMMER, WENN DU DIESES ERINNER-MICH SIEHST, SCHENKE DIR EIN LÄCHELN.

Nimm auch die kleinen Dinge, die dir Freude bereiten, zum Anlass, ihnen und dir selbst ein Lächeln zu schenken: ein spielendes Kind, ein zwitschernder Vogel, die freundliche Kassiererin, die aufgehende Sonne …

Der *verlorenste* aller Tage ist der,
an dem man *nicht gelacht* hat.

NICOLAS CHAMFORT

ICH HABE RUHE GESUCHT, ÜBERALL,
UND HABE SIE AM ENDE GEFUNDEN
IN EINEM WINKEL
BEI EINEM KLEINEN BUCH.

FRANZ VON SALES

AN EINEM SCHÖNEN TAG
IM SCHATTEN ZU SITZEN UND
INS GRÜNE ZU SCHAUEN IST DIE
BESTE ALLER ERQUICKUNGEN.

JANE AUSTEN

Das Glück ist wie ein *Schmetterling*:
Wenn wir es jagen,
vermögen wir es nicht zu fangen,
aber wenn wir ganz ruhig innehalten,
dann lässt es sich auf uns nieder.

NATHANIEL HAWTHORNE

Erdbeer-Ricottacreme

FÜR 4 PORTIONEN

150 g Erdbeeren · 1 TL Saft und Abrieb von 1 Bio-Zitrone
3 TL Puderzucker · 50 g weiße Schokolade
250 g Ricotta · 150 ml Sahne

Die Erdbeeren putzen, in Scheiben schneiden und mit dem Zitronensaft und 2 TL Puderzucker vermengen. Die Schokolade fein hacken. Den Ricotta mit Zitronenabrieb, dem übrigen Puderzucker und der Hälfte der Schokolade verrühren. Die Sahne steif schlagen und unterheben.

Die Creme in vier Dessertschalen geben und die Erdbeeren darauf verteilen. Mit der übrigen Schokolade bestreut servieren.

Verlange nicht, dass das, was geschieht,
so geschieht, wie du es wünschst,
sondern wünsche, dass es so geschieht,
wie es geschieht, und dein Leben wird

heiter dahinströmen.

EPIKTET

Nichts verleiht mehr *Überlegenheit*,
als ruhig und unbekümmert zu bleiben.

THOMAS JEFFERSON

WER KÖNNTE MIT FREIHEIT, BÜCHERN, BLUMEN UND DEM MOND NICHT GLÜCKLICH SEIN?

OSCAR WILDE

GENIESSEN WIR,
WAS UNS DER TAG BESCHERT!
WER WEISS, OB SOLCH EIN TAG
UNS WIEDERKEHRT.

HAFIS

Tu deinem Leib des Öfteren etwas *Gutes,*

damit deine *Seele* Lust hat,

darin zu wohnen.

TERESA VON ÁVILA

KLEINE AUSZEIT FÜR DICH

Frische Luft

Öffne zwischendurch mal das Fenster und atme ein paar tiefe Züge frische Luft ein. Spüre, wie deine Lunge sich mit jedem Atemzug ausdehnt. Genieße den Duft der Natur, fühle die Sonnenstrahlen auf deiner Haut und lausche auf die Geräusche der Welt um dich herum.

MERKST DU, WIE DEIN KREISLAUF WIEDER IN SCHWUNG KOMMT UND DER TROTT DES ALLTAGS ABGESCHÜTTELT WIRD?

Der *Langsamste*, der sein Ziel
nicht aus den Augen verliert,
geht noch immer *geschwinder*
als jener, der ziellos umherirrt.

GOTTHOLD EPHRAIM LESSING

ES GIBT WICHTIGERES IM LEBEN,
ALS BESTÄNDIG DESSEN
GESCHWINDIGKEIT ZU ERHÖHEN.

MAHATMA GANDHI

Gebratene Nudeln

FÜR 4 PORTIONEN

300 g Mie-Nudeln · 250 g Zuckerschoten · 2 Möhren
100 g Mungobohnensprossen · 3 Zwiebeln · 1 Stück Ingwer (ca. 2 cm)
2 Knoblauchzehen · 1 rote Chilischote · 50 g ungesalzene Erdnüsse
3 EL Öl · 4 EL helle Sojasauce · Salz · Pfeffer

Nudeln nach Packungsanleitung garen, anschließend abtropfen lassen.
Zuckerschoten putzen und schräg in 2 cm breite Streifen schneiden.
Möhren schälen und in Scheiben schneiden. Mungobohnensprossen ab-
brausen und abtropfen lassen. Zwiebeln schälen und würfeln, Ingwer und
Knoblauch schälen und fein hacken. Chilischote längs aufschlitzen, enter-
nen und in feine Ringe schneiden. Erdnüsse in zwei Hälften teilen.

Öl im Wok erhitzen und Zwiebeln, Ingwer, Knoblauch, Chili, Möhren,
Schoten und Erdnüsse 2 Min. unter Rühren anbraten. Nudeln und
Sprossen zugeben. Mit Sojasauce, Salz und Pfeffer würzen und 1–2 Min.
pfannenrühren. Auf vier Schalen verteilen und servieren.

Die *Ruhe* ist eine liebenswürdige Frau und wohnt in der Nähe der *Weisheit.*

EPICHARM

Das Leben ist ein Wunder.

Es kommt über mich,
dass ich oftmals die Augen schließen muss.

PAULA MODERSOHN-BECKER

In diesem Augenblick

bin ich dermaßen *glücklich,*

dass meine einzige Beschäftigung

darin besteht, zu leben.

HONORÉ DE BALZAC

Es gibt
Quellen der Freude,
die nie versiegen:
die Schönheit
der Natur, der Tiere,
der Menschen,
die nie aufhört.

LEO N. TOLSTOI

Begeistere dich für das Leben.

Das bloße Gefühl, zu leben,
ist Freude genug.

EMILY DICKINSON

Die Kraft, *Schönheit* in den

einfachsten Dingen zu finden,

macht das Zuhause *glücklich*

und das Leben liebenswert.

LOUISA MAY ALCOTT

DER MEISTE SCHATTEN IN
UNSEREM LEBEN RÜHRT DAHER,
DASS WIR UNS SELBST
IN DER SONNE STEHEN.

RALPH WALDO EMERSON

Die *Stille der Morgenstunden* ist oft
viel größer als die des Abends, zumal in einer Stadt,
wo das Leben bis tief in die Nacht weiterhastet
und die Morgenstunden vor Sonnenaufgang
die verhältnismäßig stilleren sind, jedenfalls ist
man da vor Störungen am sichersten.

Kein Mensch denkt daran, den andern vor
Sonnenaufgang und noch recht lange
nachher aufzusuchen.

CARMEN SYLVA

Gib jedem Tag die Chance,
der schönste deines Lebens
zu werden.

MARK TWAIN

KLEINE AUSZEIT FÜR DICH

In der Routine liegt die Ruhe

Schon eine Handvoll Regelmäßigkeiten, an denen du dich entlanghangelst, kann helfen, Chaos und Stress im Tagesverlauf zu reduzieren. Das heißt natürlich nicht, dass du deinen Alltag komplett durchtakten und keinen Raum für spontane Änderungen lassen sollst. Konzentriere dich auf ein paar Punkte, die dir wichtig sind, sowie feste Zeiten für die Dinge, die du sowieso jeden Tag tust.

So schaffst du dir im Idealfall eine Routine, die dir den Blick auf freie Zeiträume in deinem Alltag öffnet, in denen du dir bewusst Zeit für dich nehmen kannst.

Gehe deinen Weg ruhig,
mitten in *Lärm und Hast,*
und wisse, welchen Frieden
die *Stille* schenken mag.

AUS IRLAND

Vergiss nicht:
Man benötigt nur wenig,
um ein
glückliches Leben
zu führen.

MARK AUREL

DA ES SEHR FÖRDERLICH
FÜR DIE GESUNDHEIT IST,
HABE ICH BESCHLOSSEN,
GLÜCKLICH ZU SEIN.

VOLTAIRE

Von all den *Sorgen,*

die man sich macht,

werden die meisten doch

gar nicht *eintreffen.*

JOACHIM DU BELLAY

WIR LAGEN AUF DER WIESE
UND BAUMELTEN MIT DER SEELE.

KURT TUCHOLSKY

Gelassenheit
ist die angenehmste Form
des Selbstbewusstseins.

MARIE VON EBNER-ESCHENBACH

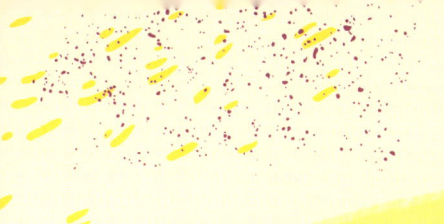

ES IST NICHT WICHTIG,
WIE LANGSAM DU GEHST,
SOLANGE DU NICHT STEHEN BLEIBST.

KONFUZIUS

Natur wiederholt ewig in
weiterer Ausdehnung denselben Gedanken.
Darum ist der Tropfen ein

Bild des Meeres.

FRIEDRICH HEBBEL

Die meisten Menschen wissen gar nicht,

wie schön die Welt ist

und wie viel Pracht
in den kleinsten Dingen, in einer Blume,
einem Stein, einer Baumrinde oder
einem Birkenblatt sich offenbart.

RAINER MARIA RILKE

Apple Crumble

FÜR 4 PORTIONEN

4 Äpfel · Saft von ½ Zitrone · 100 g weiche Butter
75 g Zucker · 100 g Mehl · 75 g Haferflocken
1 TL Vanillezucker · ½ TL Zimt

Den Backofen auf 200 °C vorheizen. Die Äpfel schälen, vom
Kerngehäuse befreien und in Stücke schneiden. In eine Auflaufform
geben und mit dem Zitronensaft beträufeln.

Butter, Zucker, Mehl, Haferflocken, Vanillezucker und Zimt
miteinander verkneten und als Streusel über den Apfelstücken
verteilen. Im Ofen 20–30 Min. backen.

Die Zeit ist für den *Menschen* da,
nicht der Mensch für die Zeit.

JOHANN GOTTFRIED SEUME

Das Bewusstsein eines *erfüllten Lebens* und die Erinnerung an viele gute Stunden sind das größte Glück auf Erden.

MARCUS TULLIUS CICERO

Die *Freude*
steckt nicht in den Dingen,

sondern im Innersten
unserer Seele.

THÉRÈSE VON LISIEUX

Finde dich,
sei dir selber treu,
lerne dich verstehen,
folge deiner Stimme,
nur so kannst du das
Höchste erreichen.

BETTINA VON ARNIM

Allein sein will geübt sein

**Wie oft bist du in deinem Alltag wirklich allein?
Kannst du das überhaupt noch, ein paar Stunden, einen Tag oder
gar ein Wochenende mit dir selbst verbringen? Würdest du dich
wohlfühlen? Und wie würdest du dich beschäftigen?**

Gerade, wenn wir seit vielen Jahren in einer Beziehung sind oder
eine Familie haben, verlernen wir, *richtig* allein zu sein. Dabei ist es
so wichtig, sich regelmäßig darauf zu besinnen, wofür man seine Zeit
nutzen möchte, wenn man sich mit niemandem abstimmen muss.

Das höchste Gut ist die

Harmonie der Seele

mit sich selbst.

LUCIUS ANNAEUS SENECA

Aus jedem Tag
das Beste
zu machen, das ist
die größte Kunst.

HENRY DAVID THOREAU

Kehr in dich *still* zurück,

ruh in dir selber aus,

so fühlst du höchstes *Glück*.

FRIEDRICH RÜCKERT

Die größten Ereignisse – das sind nicht unsre lautesten, sondern unsre *stillsten Stunden.*

FRIEDRICH NIETZSCHE

Es ist doch erstaunlich,
was ein einziger
Sonnenstrahl
mit der Seele des Menschen
machen kann.

FJODOR M. DOSTOJEWSKI

Wende dein Gesicht der Sonne zu,

dann fallen die Schatten hinter dich.

AUS AFRIKA

ES GEHÖRT ZUM BEGRIFF
DES SPAZIERENGEHENS,
DASS MAN KEINEN ERNSTHAFTEN
ZWECK DAMIT VERBINDET.

WILHELM VON HUMBOLDT

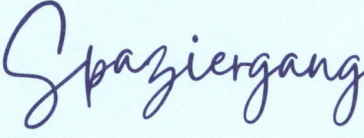

KLEINE AUSZEIT FÜR DICH

Spaziergang

Wenn dir die Decke auf den Kopf fällt, dann geh doch mal
wieder eine Runde in der Natur spazieren.

Dabei spielt es keine Rolle, ob du morgens oder abends losgehst,
ob du dir eine oder eine halbe Stunde Zeit nimmst, dich mit
jemandem zusammen oder allein auf den Weg machst.

**SPAZIERENGEHEN IST EINE WUNDERBARE MÖGLICHKEIT,
SICH WIEDERZUFINDEN, ZUR RUHE ZU KOMMEN
UND ZU HEILEN.**

Nach den Wolken
kommt die Sonne.

ALANUS AB INSULIS

Man sollte Anteil nehmen an
der Freude, der Schönheit,
der Farbigkeit des Lebens.

OSCAR WILDE

Tomaten-Feta-Tarte

ERGIBT 1 TARTE ODER 6 TARTELETTES

1 Rolle Blätterteig · Mehl für die Arbeitsfläche · 180 g Feta
500 g Kirschtomaten · 1 EL getrockneter Oregano · Salz
frisch gemahlener schwarzer Pfeffer · 5 Thymianzweige
Olivenöl zum Beträufeln

Den Backofen auf 200 °C vorheizen und ein Blech mit Backpapier auslegen.

Den Blätterteig auf einer leicht bemehlten Arbeitsfläche zu einem 3 mm
dünnen Rechteck ausrollen und auf das Blech legen. Den Teig mit einer
Gabel mehrmals einstechen und die Ränder umschlagen, sodass ein
leicht erhöhter Rand entsteht.

Feta zerbröseln, Tomaten putzen, halbieren und gleichmäßig auf dem Teig
verteilen. Mit Oregano bestreuen und mit Salz und Pfeffer würzen. Die
Thymianzweige darauflegen und die Tarte mit etwas Olivenöl beträufeln.
Ca. 20 Min. backen, bis der Blätterteig goldbraun und knusprig ist.

Jede Minute, die man lacht,
verlängert das Leben um
eine Stunde.

AUS CHINA

DAS EINZIGE MITTEL,
ZEIT ZU HABEN, IST,
SICH ZEIT ZU NEHMEN.

BERTHA ECKSTEIN-DIENER

KLEINE AUSZEIT FÜR DICH

Einfach mal offline

Das Smartphone ist unser ständiger Begleiter. Dabei bemerken wir oftmals nicht, dass mit dem praktischen Alltagshelfer dauerhafte Erreichbarkeit einhergeht. Mit Anrufen, SMS oder E-Mails schmuggelt sich die Arbeit unbemerkt in den Feierabend; aber auch die ständige Erreichbarkeit für Freunde und Familie kann kräftezehrend sein.

GÖNN DIR ZWISCHENDURCH EINE BEWUSSTE PAUSE, IN DER DU DAS HANDY FÜR EINE STUNDE ABSCHALTEST.

Du wirst feststellen: Du verpasst nichts! Stattdessen schenkst du dir wertvolle Zeit, in der du dich ganz auf dich selbst konzentrieren kannst.

Oft sind es gut genutzte Mußestunden,
in welchen der Mensch das Tor
zu einer *neuen* *Welt* findet.

GEORGE MADISON ADAMS

Die gute Zeit

fällt nicht vom Himmel,
sondern wir schaffen sie selbst,
sie liegt in unserem Herzen
eingeschlossen.

FJODOR M. DOSTOJEWSKI

Stelle dir jeden Morgen diese drei Fragen:

WAS IST GUT IN MEINEM LEBEN?
WORÜBER KANN ICH GLÜCKLICH SEIN?
WOFÜR KANN ICH DANKBAR SEIN?

HENRY DAVID THOREAU

WER FRIEDEN IN DER SEELE HAT,
BEUNRUHIGT WEDER SICH SELBST
NOCH EINEN ANDEREN.

EPIKUR VON SAMOS

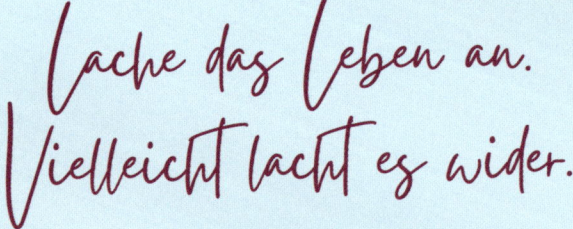

Lache das Leben an.
Vielleicht lacht es wider.

JEAN PAUL

Immer wenn ich mitten im
Alltag innehalte und gewahr
werde, wie viel mir geschenkt ist,
werden die zahllosen Selbst-
verständlichkeiten zu einer

Quelle des Glücks.

GUSTAVE FLAUBERT

DEIN GENUSSMOMENT

Lachsbagel

FÜR 4 PORTIONEN

4 Bagels · 1 Bd. Dill · 120 g Frischkäse
4 EL Meerrettich · etwas Zitronensaft · Salz
200 g geräucherter Lachs · ½ Gurke

Bagels aufschneiden. Dill fein hacken und mit Frischkäse,
Meerrettich, Zitronensaft und Salz zu einer Creme verrühren.
Die Bagels damit bestreichen, untere Hälften mit Lachs belegen.
Gurke schälen, in Scheiben schneiden und auf dem Lachs
verteilen. Obere Hälften aufsetzen.

Nichts bringt uns
auf unserem Weg besser
voran als eine Pause.

ELIZABETH BARRETT BROWNING

Mich durchströmt Wärme,

wenn ich mich an die Tage erinnere,
die noch kommen werden.

AUS DEN USA

Selbst-Bewusstsein

Nimm dir immer mal wieder etwas Zeit, um in dich hineinzuhorchen. Frag dich: Wie geht es mir?

Fühle in deinen Körper hinein. Höre deinen Gedanken zu. Werde dir deiner selbst bewusst. Was brauchst du jetzt gerade, in diesem Moment? Gibt es etwas, das du tun kannst, um dich besser zu fühlen?

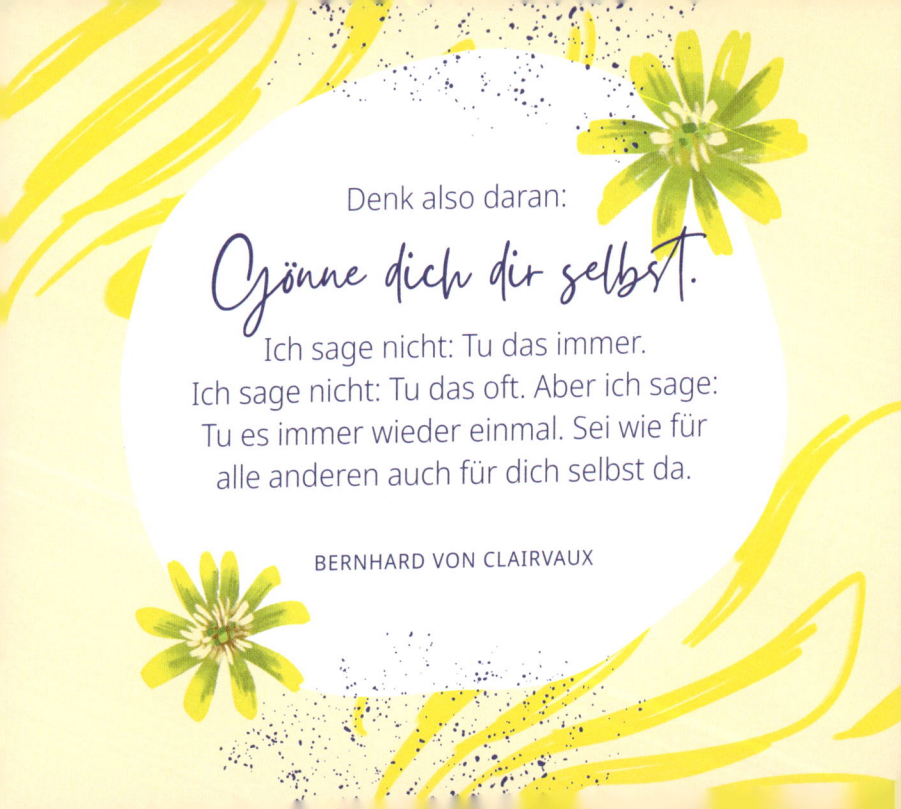

Denk also daran:

Gönne dich dir selbst.

Ich sage nicht: Tu das immer.
Ich sage nicht: Tu das oft. Aber ich sage:
Tu es immer wieder einmal. Sei wie für
alle anderen auch für dich selbst da.

BERNHARD VON CLAIRVAUX

ES GIBT NICHTS,
WOFÜR MAN ZEIT FINDET.
WENN MAN ZEIT HABEN
MÖCHTE, MUSS MAN SICH
WELCHE SCHAFFEN.

LEOPOLD VON RANKE

Jeder Tag ist ein kleines Leben.

ARTHUR SCHOPENHAUER

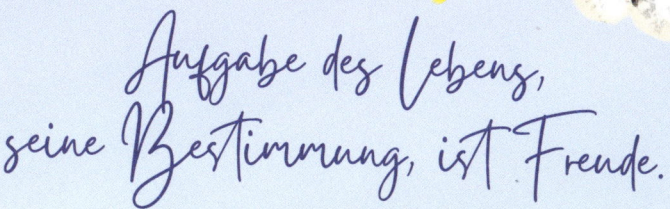

Aufgabe des Lebens,
seine Bestimmung, ist Freude.

Freue dich über den Himmel,
über die Sonne, über die Sterne,
über Gras und Bäume,
über die Tiere und die Menschen.

LEO N. TOLSTOI

Dann und wann ist es gut,
in unserem Streben nach Glück
zu pausieren und einfach

glücklich zu sein.

GUILLAUME APOLLINAIRE

Blumen machen die Menschen immer
besser, glücklicher und hilfsbereiter;
sie sind Sonnenschein, Nahrung und
Medizin für die Seele.

LUTHER BURBANK

Nicht was wir erleben,
sondern wie wir empfinden,
was wir erleben,
macht unser Schicksal aus.

MARIE VON EBNER-ESCHENBACH

Die schönsten, angenehmsten
Tage sind nicht die, an denen großartige,
aufregende Dinge passieren, sondern die
mit den einfachen, netten Augenblicken,
die sich aneinanderreihen wie

Perlen auf einer Schnur.

LUCY MAUD MONTGOMERY

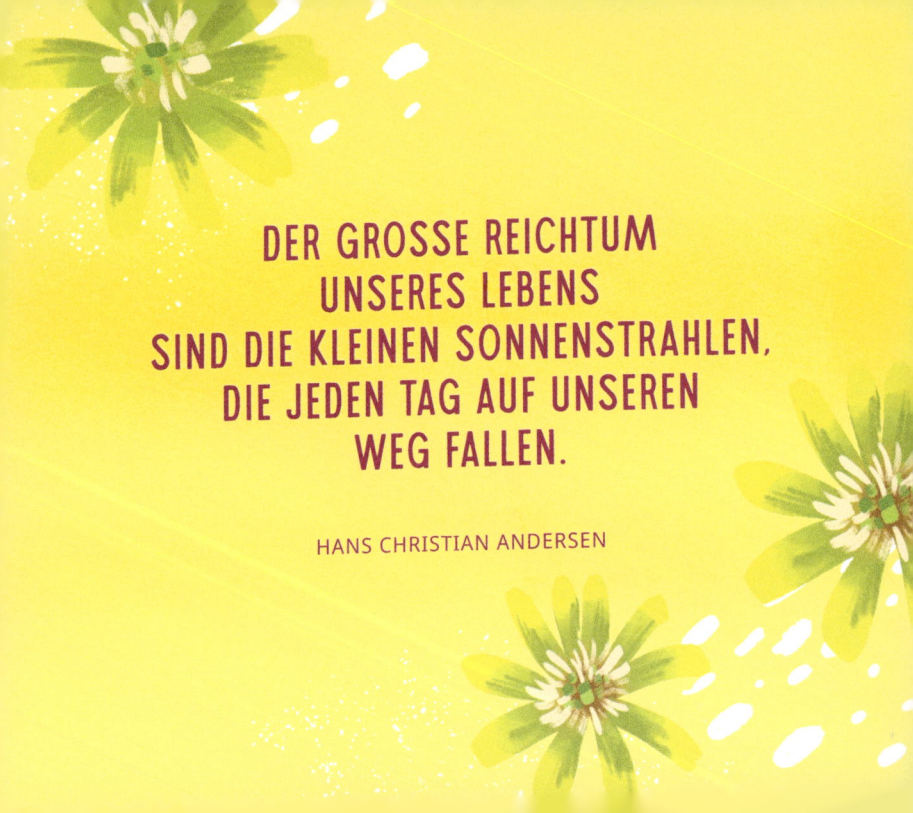

DER GROSSE REICHTUM
UNSERES LEBENS
SIND DIE KLEINEN SONNENSTRAHLEN,
DIE JEDEN TAG AUF UNSEREN
WEG FALLEN.

HANS CHRISTIAN ANDERSEN

Ich war gestern in der größten Harmonie über alle mir bekannten Dinge und in der vollständigsten Seelenruhe; und fühlte, dass das Glück ist; und fühlte dabei in vollstimmigsten zugleich tönenden Akkorden

alles Leben meines Herzens.

RAHEL VARNHAGEN VON ENSE

Atempause

In der buddhistischen Lehre bildet das Atmen als Verbindung zwischen Körper und Gedanken die Brücke zwischen Leben und Bewusstsein. So nutzen Buddhisten einfache Atemübungen, um sich zu beruhigen, ihren Geist zu sammeln und ihre Konzentration auf das Hier und Jetzt zu lenken.

Gönn dir in unübersichtlichen oder nervenaufreibenden Momenten eine kurze Atempause, in der du nichts tust, außer bewusst auf deine Atmung zu achten.

**ATME KURZ EIN. ATME KURZ AUS.
ATME TIEF EIN. ATME TIEF AUS …**

Manchmal ist das Wichtigste
am ganzen Tag *die Pause,*
die wir zwischen zwei
tiefen Atemzügen machen.

ETTY HILLESUM

So muss man leben!

Die kleinen Freuden aufpicken,
bis das große Glück kommt.
Und wenn es nicht kommt, dann hat man
wenigstens die kleinen Glücke gehabt.

THEODOR FONTANE

Du musst im Jetzt leben,
jede Welle mitnehmen,
deine Ewigkeit
in jedem einzelnen Moment finden.

HENRY DAVID THOREAU

Freude ist das Leben
durch einen Sonnenstrahl
gesehen.

CARMEN SYLVA

Blueberry Muffins

ERGIBT 12 STÜCK

85 g zimmerwarme Butter · 120 g Rohrohrzucker
1 Ei · 220 g Crème fraîche · Abrieb von ½ Bio-Zitrone
220 g Mehl plus 1 EL · 1½ TL Backpulver · ¼ TL Natron
¼ TL Salz · 125 g Blaubeeren (TK, unaufgetaut)

Den Backofen auf 190 °C vorheizen. Muffinform mit Papierförmchen auslegen. Butter und Zucker schaumig schlagen. Das Ei zugeben und gut verrühren. Crème fraîche und Zitronenabrieb unterrühren.

Mehl, Backpulver, Natron und Salz mischen. In zwei Portionen über die Butter-Zucker-Ei-Mischung sieben und gut vermengen. Die Blaubeeren in 1 EL Mehl wälzen und behutsam unter den Teig ziehen.

Die Muffinförmchen zu zwei Dritteln mit dem Teig füllen. In 25–30 Min. im Ofen goldgelb backen. Stäbchenprobe machen! Auf einem Gitter abkühlen lassen.

SICH SELBST ZU ÜBERRASCHEN, IST,
WAS DAS LEBEN LEBENSWERT MACHT.

OSCAR WILDE

Wer Vertrauen hat,
erlebt jeden Tag Wunder.

PETER ROSEGGER

Unkraut nennt man die *Pflanzen,*
deren *Vorzüge* noch nicht erkannt
worden sind.

RALPH WALDO EMERSON

Wer ein Herz für Schönheit hat,

findet Schönheit überall.

GUSTAV FREYTAG

Kaiserschmarrn

FÜR 4 PORTIONEN

40 g Rosinen · 2 EL Rum · 6 Eigelb · 50 g Zucker · ¼ l Milch
200 g Mehl · 6 Eiweiß · 1 Prise Salz · Butter zum Ausbacken
Puderzucker zum Bestäuben

Rosinen für ½ Std. in Rum einweichen. In einer Schüssel die Eigelbe mit dem Zucker schaumig rühren. Nach und nach Milch und Mehl unterrühren, dann die Rum-Rosinen zugeben. Eiweiße mit Salz sehr steif schlagen und behutsam unter den Teig heben. In einer großen Pfanne ausreichend Butter zerlassen und den Teig eingießen. Einige Minuten braten, bis die Unterseite zart goldbraun ist. Immer wieder wenden, bis alles gleichmäßig gebräunt ist, dabei den Teig mit zwei Gabeln in Stücke reißen. Auf Tellern anrichten, mit Puderzucker bestäuben und warm servieren.

In einem dankbaren Herzen herrscht ewiger Sommer.

CELIA THAXTER

KLEINE AUSZEIT FÜR DICH

Ruhebilder

Stell dir einen Ort vor, an dem du wunschlos glücklich bist.
Es kann ein Ort sein, an dem du schon mal gewesen bist,
er kann aber auch vollkommen deiner Fantasie entspringen.
Wichtig ist bloß, dass dieser Ort eine Quelle der Ruhe und
des Wohlbefindens für dich darstellt.

SPÜRST DU, WIE SICH DEINE ATMUNG BERUHIGT UND
DEIN HERZSCHLAG VERLANGSAMT? WIE DEIN BLUTDRUCK
SINKT UND SICH DEINE MUSKELN ENTSPANNEN?

DEN PULS DES EIGENEN HERZENS FÜHLEN.
RUHE IM INNERN, RUHE IM ÄUSSERN.
WIEDER ATEMHOLEN LERNEN.

DAS IST ES.

CHRISTIAN MORGENSTERN

DAS ÄUSSERE GLÜCK
IST NUR ZUFALL –
ABER DAS INNERE GLÜCK,
DAS BAUT SICH EIN
JEDER SELBST.

JOHANN KASPAR LAVATER

Es hat einen Grund,
dass wir uns der
Natur zuwenden,
wenn wir nach uns
selbst suchen.

VOLKSMUND

Es muss ein Zustand des Herzens sein:

*ganz positiv und sanft zugleich –
sonnig und entschlossen.*

PRENTICE MULFORD

Frühlingssuppe

FÜR 4 PORTIONEN

1 Schalotte · 3 Frühlingszwiebeln · 1 Knoblauchzehe
100 g Knollensellerie · 3 Möhren · 1 Stange Lauch · 3 Tomaten
4 EL Olivenöl · 1 l Gemüsebrühe · 1 Lorbeerblatt
200 g Suppennudeln · ½ Bund Basilikum · Salz · Pfeffer

Schalotte, Frühlingszwiebeln und Knoblauch schälen und fein würfeln.
Sellerie, Möhren und Lauch putzen und klein schneiden. Die Tomaten
häuten, vom Strunk befreien und würfeln. Das Olivenöl in einem großen
Topf erhitzen und die Schalotten-, Zwiebel- und Knoblauchwürfel
anschwitzen. Das restliche Gemüse zufügen und kurz mitbraten.
Die Gemüsebrühe angießen, das Lorbeerblatt zugeben und die Suppe
für ca. 30 Min. leicht köcheln lassen.

Die Nudeln 10 Min. vor Ende der Garzeit in die Suppe geben, das
Lorbeerblatt entfernen. Basilikum fein hacken. Die Suppe mit Salz und
Pfeffer würzen und mit Basilikum bestreut servieren.

Still-Liegen und Wenig-Denken

ist das wohlfeilste Arzneimittel für alle Krankheiten der Seele und wird, bei gutem Willen, von Stunde zu Stunde seines Gebrauchs angenehmer.

FRIEDRICH NIETZSCHE

Gar nichts tun,
das ist die allerschwierigste
Beschäftigung und zugleich
diejenige, die am meisten
Geist voraussetzt.

OSCAR WILDE

Richtig nachdenken

Einfach mal wieder in den Lieblingssessel setzen, Löcher in die Luft starren und die Gedanken frei kreisen lassen. Kein Handy, kein Fernseher, kein Buch, keine Musik, keine Ablenkung. Er ist uns verloren gegangen, der Akt des Sitzens und Nachdenkens, dabei ist es so wichtig, sich zwischendurch auch mal wieder selber zuzuhören.

Was beschäftigt dich gerade? Was schenkt dir Freude und was zieht dich runter? Was entdeckst du an dir selber, wenn du nichts hast, was deine Gedanken auf sich zieht?

Man sollte von

Zeit zu Zeit von sich *zurücktreten,*

wie ein *Maler* von seinem Bilde.

CHRISTIAN MORGENSTERN

ISBN 978-3-649-64993-9

© 2025 Coppenrath Verlag GmbH & Co. KG,
Hafenweg 30, 48155 Münster, Germany

Illustrationen: Nora Paehl
Grafische Gestaltung: Nora Paehl (Cover)
und Andrea Högerle (Inhalt)
Fotos: © dpa Picture-Alliance GmbH
Redaktion: Lucia Wöstmann und Leonie Schlüter